DISCOURS

PRONONCÉ A GRENOBLE

le 26 septembre 1872

PAR

M. GAMBETTA

PARIS
ERNEST LEROUX, ÉDITEUR
28, RUE BONAPARTE, 28.

1872

DISCOURS

PRONONCÉ A GRENOBLE

le 29 septembre 1872

PAR

M. GAMBETTA

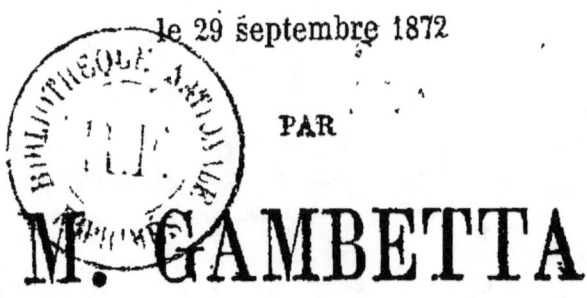

Messieurs et chers concitoyens,

Notre ami M. Edouard Rey a bien voulu me présenter à vous et me souhaiter la bienvenue dans votre ville. Il a mis, dans les quelques paroles qu'il a prononcées, une émotion qui, pour moi, m'a profondément remué et qui me pénètre de reconnaissance envers lui et envers vous qui avez bien voulu vous associer à lui par vos applaudissements.

Oui, messieurs, je sens et je sais que je suis dans un pays qui est, de longue date, acquis à la cause et dévoué à la défense des principes de la Révolution française, puisqu'il l'était, pour ainsi dire, avant que la France de 89 eût commencé à les balbutier; je n'oublie pas votre ancien et persévérant dévouement à nos idées, et, si je pouvais l'oublier, l'accueil que vous m'avez fait au moment où j'ai mis le pied sur le sol de votre ville, serait certainement la plus énergique et la plus pénétrante leçon pour me rappeler tout ce que j'ai encore à faire pour être digne de vous et de votre glorieux passé.

Mais j'ai bien senti, messieurs, — et permettez que je me défende publiquement devant vous contre le reproche de tomber jamais dans une confusion qui serait vraiment coupable, — j'ai bien senti que ce que vous acclamiez, vous saluiez, de cris si ardents, si répétés, c'était la République et non l'homme. (Bravo ! — Applaudissements.)

Plusieurs voix. — C'était la République et l'homme !

M. Gambetta. — L'homme vaut ce que valent ses efforts ; mais ces efforts ne sont jamais que restreints, et trop souvent, — il n'y a jamais faiblesse à le reconnaître, — sujets à des vacillations et à des incertitudes, parce qu'il n'y a pas d'homme parfait, parce qu'il n'y a pas d'homme qui puisse se promettre à lui-même qu'il sera toujours à la hauteur des événements. Mais cet homme que vous voulez bien reconnaître comme un des vôtres, comme le vôtre, car il s'est donné tout entier à son parti... (Oui! oui! — Applaudissements), a, au moins, pour lui cette conviction qu'il n'a jamais mis dans son cœur aucun intérêt, aucune passion, aucun mobile en balance avec les intérêts de la démocratie républicaine. (Bravos. — Marques d'assentiment général.)

Tout à l'heure, on prononçait un mot qui produit toujours sur moi la plus vive impression : on faisait allusion à ces douloureux et tragiques événements de la guerre, de cette guerre que nous avons continuée alors qu'elle était née du caprice d'un aventurier couronné, de cette guerre dont nous avons hérité et que nous avons poursuivie après l'avoir dénoncée et combattue, parce que nous sentions qu'il y allait de l'avenir et de l'honneur de la France.

Hélas ! citoyens, cet avenir a été compromis ; notre pays a été entamé dans son intégrité. Mais ce n'est pas à vous qu'il faut apprendre que la responsabilité en remonte tout entière à l'empire et à ses complices, les conseillers de tous rangs placés autour de lui. (Oui ! oui ! Bravo !)

Messieurs, laissez-moi dire que rien ne me touche davantage que ce salut habituel qui m'est adressé partout où je passe et qui rappelle les efforts du gouvernement de la Défense nationale (Bravos), car il y a une chose qu'il faut toujours répéter, parce que c'est l'honneur de notre parti, qu'il faut redire chaque fois que se produisent les attaques de nos adversaires, qu'il ne faudra jamais se lasser de prouver, pièces en main, c'est que la cause de la France et celle de la République sont désormais unies et confondues, et que, entre l'une et l'autre, il y a une association indissoluble que rien ne pourra rompre. Messieurs, on nous a souvent reproché d'avoir fait passer l'une avant l'autre ; je réponds que nous les avons toujours confondues, associées, réunies, et, pour moi qui ne comprends pas la République sans la France, je sens bien qu'on ne pourrait jamais séparer la France de la République sans courir à des désastres plus effroyables encore que ceux dont nous sortons à peine. (C'est vrai ! c'est vrai ! — Assentiment général.)

Messieurs, notre ami M. Rey rappelait aussi tout à l'heure — et il faisait bien — que nous sommes dans un pays, dans une ville qui a été largement, complétement associée depuis un siècle à notre histoire nationale et qui, à des époques si différentes et si contraires, a été le théâtre — la ville et ses environs — d'événements divers et pourtant, à de certains points de vue, semblables à ceux qui viennent de se dérouler devant nos yeux, et peut-être à ceux qui se préparent. Aussi bien, il n'y a pas de lieu, d'endroit, dans toutes les autres parties de la France, qui soit plus approprié pour faire entendre certaines paroles et évoquer certains enseignements. C'est pourquoi, messieurs, quand vos amis sont venus à Chambéry, dans cette noble terre de Savoie, si peu connue, si ignorée, si diversement jugée, et où l'esprit républicain respire et souffle en toute liberté, en dépit d'une administration réactionnaire et impuissante jusque dans ses puériles tracasseries ; quand, dis-je, ils sont venus me chercher au milieu de cette Savoie républicaine, anti-cléricale, profondément française et qui, quoi qu'on dise, confond suffisamment par son attitude tous ses calomniateurs, je n'ai pas pu résister à leur invitation, bien que le temps me manquât, et je suis venu à Grenoble, mais rien que pour toucher barre et déposer, en quelque sorte, une carte de visite. En effet, j'ai le chagrin de vous quitter dès demain matin, mais je me promets de revenir vous visiter plus tard, quoi qu'il advienne. (Très bien ! Assentiment général. — Applaudissements.)

Cependant, puisque nous voici réunis, et que, dans la soirée qu'a bien voulu donner M. Vogeli à l'occasion de mon séjour à Grenoble..,

M. VOGELI. — C'est la démocratie tout entière, citoyen Gambetta, qui m'a chargé de vous offrir cette soirée.

M. GAMBETTA. — Si vous aviez eu un peu plus de patience, mon vieux camarade, vous auriez vite aperçu que nous sommes d'accord. (On rit. — Très bien !)

J'ai dit : Dans la soirée que M. Vogeli

a donnée à l'occasion de mon séjour ici, parce que nous vivons dans un temps où l'on en est réduit à empêcher des hommes sincères qui aiment leur pays, qui n'ont d'autre passion que la justice, d'autre désir que de s'éclairer les uns les autres sur la meilleure marche à suivre dans le sens du bien public; parce que nous vivons dans un temps où ces hommes sont contraints de recourir à des précautions, à des expédients, à des biais derrière lesquels ils puissent à peu près regarder, sans aucune espèce d'appréhension, les foudres du parquet et d'une administration toujours prête à se dire : Dans l'arsenal de nos lois, — et l'on sait s'il est riche ! (Rires.) — il y a des lois bonapartistes qui empêchent des hommes de se réunir pour causer entre eux sans avoir pris sept à huit précautions préalables; (Nouveaux rires.) si nous en usions contre ces hommes ! (Interruption et hilarité générale.) C'est là ce qui m'a fait dire, messieurs, que M. Vogeli nous a offert une soirée, et je crois qu'il y a autant de vérité que de prudence à le dire et à le répéter, mais je sais aussi, à ne pas m'y tromper, parce que je le vois et que vous m'en donnez à chaque instant la preuve, que je suis ici l'hôte de tout le m n le. (Très bien. — Oui! oui!)

Et vraiment, cette première réflexion me permettra peut-être de répondre d'ici à certaines récriminations, à certaines déclamations qui ont encombré ces jours derniers les colonnes des journaux.... — mon Dieu! comment dirai-je? — des journaux qui sont dévoués à l'ordre! n'est-il pas entendu, en effet, dans ce temps de confusion où les mots ont changé absolument de signification, bien qu'on continue à toujours les employer; n'est-il pas bien entendu que nous sommes à tout jamais le parti du désordre? — Nous, le parti du désordre, messieurs, nous qui respectons constamment la loi, qui nous assujettissons même à saluer et à ne pas enfreindre celles qui ont été le fruit du crime sorti de l'usurpation la plus odieuse; nous qui avons fait continuellement toutes les concessions, tous les sacrifices, depuis deux ans; qui avons donné partout, dans tous les Conseils électifs de la France, dans lesquels nos concitoyens nous ont constitués en majorité, l'exemple de la patience, de la modération; — nous, le parti du désordre! quelle impudence il faut avoir pour le prétendre! Non, messieurs, nous sommes le vrai parti de l'ordre dans ce pays, et en cela nous n'avons qu'à nous rendre justice, qu'à mettre en avant notre propre discipline toute volontaire et par cela même efficace ; nous n'avons fourni, dans aucune occasion, le prétexte d'intervenir à l'autorité, ou à des agents trop zélés qui la compromettent, et qui cherchent toutes les occasions, favorables ou non, de saisir le parti républicain en flagrant délit... On nous accuse d'être des gens de désordre et de violence ! Et quand nous nous contentons de prendre notre droit, de le mettre en lumière, quand nous fournissons toutes les preuves de sagesse, que dit-on ? On dit : Ah ! si nous ne les avions pas arrêtés, à quels excès, à quelles saturnales se seraient livrés ces démagogues ! Vous n'imaginez pas, ajoute-t-on, à quels actes ils se seraient portés contre les citoyens, contre les personnes, contre les propriétés, si une loi bonapartiste — qu'on retrouve tout exprès (Rires) — ne leur avait pas été opposée à temps et si nous n'étions pas venus là pour sauver la société d'un pareil cataclysme. Voilà leur langage. (Oui ! oui ! c'est cela ! — Bravos.)

En sorte que, messieurs, nous sommes dans cette situation singulière et fort difficile à soutenir, à savoir que, quand nous obéissons aux lois, c'est par impuissance, et que, quand nous les critiquons, même en nous y soumettant, en nous bornant à faire remarquer leur triste, leur odieuse origine qui viole le droit des sociétés libres, on nous dénonce. (Rire gégénéral.) Messieurs, on devrait bien reconnaître enfin que la presse dite de l'ordre, en se conduisant de cette manière, ne fait que du désordre, et que ses agents ne recherchent qu'une chose, la provocation. (Bravo! bravo!— Approbation unanime.)

Mais je m'oublie à parler de cette presse sans nom, qui a perdu toute estime et toute considération dans le pays. Il vaudrait mieux élever la question et dire une bonne fois aux hommes d'Etat, qui ont la prétention, dans tous les partis, de chercher le régime sous lequel la France, qui est une démocratie, doit se développer et produire ; leur dire une bonne fois : Avez-vous réfléchi à ce que c'est que la démocratie ? Et, avant de la mettre à la gêne, avant de lui imposer des lois misérables, avez-vous mesuré l'étendue du mal qu'il faut faire disparaître ? Avez-vous mesuré les besoins de cette société et savez-vous bien dans

quel pays, à quelle époque vous vivez ?
Car, enfin, messieurs, ce droit que nous
exerçons ici, à huis-clos, et sous la surveillance de cinq à six administrations
différentes, il n'y a pas de pays libre qui
n'en revendique l'exercice et où les hommes d'Etat ne se glorifient de le protéger ; il n'y a pas de pays libre où l'on ne
puisse, comme en Angleterre, pour citer
l'exemple d'un pays monarchique, réunir
les électeurs au nombre de cinq, six ou
dix mille, en tous temps, en tous lieux,
en plein air ; où les partis ne puissent
développer leurs théories, exposer leurs
programmes, rendre compte de leur conduite, accuser les partis hostiles, commencer et poursuivre des campagnes et,
enfin, faire librement ce qui doit se faire
dans toute société qui a quelque souci de
la dignité de ses membres. (Très bien !
très bien ! — Bravos.)

Eh bien, ce qui se fait en Angleterre,
ce que font les lords anglais, ce que font
les membres de la Chambre des communes, se fait également à quelques pas
d'ici, en Suisse, où l'on comprend que
la démocratie est un gouvernement
d'opinion par essence, que c'est à l'opinion publique que doit rester le dernier
mot, que c'est elle qui doit tout exami-

ner, tout contrôler, tout vérifier, tout juger, afin de pouvoir tout choisir. Aussi les démocraties ne sont véritablement libres, n'offrent de sécurité, d'avenir et ne fondent quelque chose d'assis qu'à la condition de provoquer la confiance des hommes libres qui les composent ; qu'à la condition de permettre à tous d'aller, de venir, de circuler, de se grouper, de se réunir, de s'associer, de se pénétrer. Qu'est-ce, en effet, que la démocratie, si ce n'est point le gouvernement de tous, si l'on est parqué, si c'est le régime cellulaire ? Ce n'est plus la démocratie, c'est le système des castes sociales, c'est l'ancien régime. Comprendre ainsi la démocratie, messieurs, c'est outrager la raison, et il faut la peur pour expliquer les misérables et odieuses mesures qu'on nous oppose. (Bravos.)

Quand donc prendrons-nous des habitudes viriles ? Lorsque nous vivions sous la monarchie, qu'elle fût légitime — voilà encore un mot bien fait ! — (Rires), comme après 1815, ou sous une monarchie à compartiments, une monarchie à poids et contrepoids dont les uns font équilibre aux autres, avec un horloger plus ou moins éloquent qui se flattait de faire tout marcher ; (C'est fini, cela! c'est usé! rires universels.) — messieurs, je veux bien que ce soit là des vieilleries, du bric-à-brac, mais il y a des gens qui rêvent cependant le retour de ce système épuisé ; — lorsque, dis-je, nous vivions sous l'une ou l'autre de ces monarchies, je comprends que l'un et l'autre de ces régimes aient eu peur du peuple, parce qu'ils ne sont pas des gouvernements de démocratie ; et ils ont peur du peuple, parce qu'ils ne le connaissent pas, et que, ne voulant pas et ne pouvant pas l'apprécier, ils n'ont trouvé qu'un moyen de le gouverner ; c'est de le clore et de le tenir en Charte privée. (Rires d'approbation. — Applaudissements.)

Mais, messieurs, ce n'est pas un régime, un système politique comme la démocratie actuelle, monde encore récent, qui date, comme origine, comme naissance, comme formule, de 1789, et qui, en somme, n'a pris pied parmi nous, n'a mis la main sur les affaires, n'a été investie du moyen protecteur de sa souveraineté, mise en possession de la plénitude de son droit qu'en 1848 par le suffrage universel, — ce n'est pas, dis-je, ce monde nouveau de la démocratie française qu'on peut se flatter de gouverner, régler, conduire, instruire par les procédés, par les habitudes des quinze à vingt habiles diseurs qui gouvernaient et conduisaient la monarchie parlementaire. (Non ! non ! — Bravos.) Il faut aujourd'hui descendre dans les couches, dans les rangs profonds de la société ; il faut comprendre que ce n'est que de la discussion manifestée, contredite, et qui rencontrera autant d'affirmations que de négations, que peut se dégager l'opinion, — car la démocratie n'est pas le gouvernement de l'uniformité ni de cette discipline passive que l'on rêve dans d'autres partis, dans d'autres sectes ; c'est le gouvernement de la liberté de penser, de la liberté d'agir. De là, par conséquent, la nécessité d'une perpétuelle communication de tous les citoyens entre eux, quand ils le veulent et comme ils le veulent, à la seule condition — condition unique — de délibérer pacifiquement, sans armes, ainsi que le disaient les premiers législateurs de la Révolution française, afin de ne pas fournir à quelques-uns la tentation de violer le droit des autres. (C'est cela ! — Très-bien ! très-bien !)

Et cependant, messieurs, il nous faut supporter cette législation mauvaise, qui est aujourd'hui la nôtre, cette usurpation de notre droit, cet empiétement de l'autorité pour en démontrer tous les jours l'inutilité. En effet, il est bien sûr que si l'on ne peut se réunir au nombre de 1,500 personnes sous le prétexte qu'on formera ainsi une réunion publique, on peut bien se réunir au nombre de 300 ; et, ce qui aura été dit dans cette réunion de 300 personnes sera répété, imprimé, publié, répandu, de sorte qu'on n'aura rien fait, rien empêché, et que le but que l'on se proposait ne sera pas atteint : on aura simplement mis la main sur la lumière, mais la lumière aura passé à travers les doigts, malgré tous les obstacles. (Assentiment unanime.) Il faudrait, sous une République, abandonner ces mesures, rejeter ces procédés qui n'ont d'autre résultat que d'engendrer le désordre moral, sinon le désordre matériel, quand c'est précisément de l'ordre moral, avant tout, que devraient se préoccuper les hommes d'Etat. Car, retenez-le bien, messieurs, sans l'ordre moral il n'y a pas d'ordre matériel assuré ; c'est l'ordre moral qui règle tout, qui calme tout, qui asseoit tout et qui permet aux peuples de tout faire pour se relever de leurs catastrophes. (Très bien ! très bien ! — Applaudissements.)

Que voulez-vous ? En France on ne peut pas s'habituer, depuis 45 ans, dans certaines classes de la société, à prendre son parti, non seulement de la Révolution française, mais de ses conséquences, de ses résultats. On ne veut pas confesser que la monarchie est finie, que tous les régimes qui peuvent, avec des modifications différentes, représenter la monarchie, sont également condamnés. Et c'est dans ce défaut de résolution, de courage chez une notable partie de la bourgeoisie française, que je retrouve l'origine, l'explication de tous nos malheurs, de toutes nos défaillances, de tout ce qu'il y a encore d'incertain, d'indécis et de malsain dans la politique du jour.

On se demande, en vérité, d'où peut provenir une pareille obstination ; on se demande si ces hommes ont bien réfléchi sur ce qui se passe ; on se demande comment ils ne s'aperçoivent pas des fautes qu'ils commettent et comment ils peuvent plus longtemps conserver de bonne foi les idées sur lesquelles ils prétendent s'appuyer ; comment ils peuvent fermer les yeux à un spectacle qui devrait les frapper. N'ont-ils pas vu apparaître, depuis la chute de l'empire, une génération neuve, ardente, quoique contenue, intelligente, propre aux affaires, amoureuse de la justice, soucieuse des droits généraux? Ne l'ont-ils pas vue faire son entrée dans les Conseils municipaux, s'élever, par degrés, dans les autres conseils électifs du pays, réclamer et se faire sa place, de plus en plus grande, dans les luttes électorales? N'a-t-on pas vu apparaître, sur toute la surface du pays, — et je tiens infiniment à mettre en relief cette génération nouvelle de la démocratie, — un nouveau personnel politique électoral, un nouveau personnel du suffrage universel? N'a-t-on pas vu les travailleurs des villes et des campagnes, ce monde du travail à qui appartient l'avenir, faire son entrée dans les affaires politiques? N'est-ce pas l'avertissement caractéristique que le pays — après avoir essayé bien des formes de gouvernement veut enfin s'adresser à une autre couche sociale pour expérimenter la forme républicaine? (Oui! oui! Sensation prolongée.)

Oui! je pressens, je sens, j'annonce la venue et la présence, dans la politique, d'une couche sociale nouvelle (nouveau mouvement) qui est aux affaires depuis tantôt dix-huit mois, et qui est loin, à coup sûr, d'être inférieure à ses devancières. (Bravos.)

Quand on l'a vue apparaître, on ne pouvait en noter, en remarquer la naissance que par petits groupes, que sur des points isolés, à Marseille, à Paris, à Lyon, au Havre, à Saint-Etienne, ici et même ailleurs ; mais, par le fait même de l'isolement de ces groupes, qu'on ne réunissait pas pour les soumettre à un examen, à une analyse véritablement sagace, on n'a pu se rendre un compte exact, au début, des conséquences de cette apparition, de cette invasion d'un élément social nouveau par le suffrage universel dans les affaires générales de la nation. Et alors on a trouvé beaucoup plus facile de déclamer contre ces conseils électifs, de les accuser de toute espèce de mauvaises passions, de les critiquer, de les dénoncer, quoique, peu à peu, pour les observateurs attentifs, il ait apparu que ces conseils, tant diffamés, devenaient chaque jour de plus en plus pratiques, expérimentés, aptes aux affaires, prudents, sages en politique, et que, toutes les fois qu'ils émettaient un vœu ou qu'ils prenaient une décision, ces vœux ou ces décisions avaient un caractère particulier, un accent spécial, qui doivent influer sur la direction générale des affaires de la France. On sentait que la démocratie actuelle était sortie du sentimentalisme un peu vague qui avait été le caractère dominant de nos devanciers; on sentait qu'il y avait là quelque chose de plus positif, de plus pratique, et — passez-moi une expression que l'on critique quelquefois, mais qui seule peut rendre ma pensée — de plus scientifique. Et alors qu'a-t-on fait dans le camp de nos adversaires?

On a changé de tactique et, au lieu de considérer à l'œuvre ce personnel nouveau, au lieu de le juger et de se laisser entraîner dans ce courant, on a réfléchi, mais dans un mauvais sens. La réaction et les partis coalisés de la monarchie, sous quelque forme qu'elle se présente, se sont mis en garde, en éveil, et ils ont crié au radicalisme triomphant. Partout ils ont dit que le radicalisme était aux portes avec le cortége de spectres, de malheurs et de catastrophes qu'il doit nécessairement traîner après lui! (Hilarité. — Très bien! — Bravos.) On a cherché ainsi à alarmer le pays, ce malheureux pays que, depuis 75 ans, les partis rétrogrades dominent et exploitent par la peur. Car la peur, messieurs, c'est la maladie chronique de la France : la peur en politique. En effet, autant la France est brave, généreuse, ardente, héroïque, désintéressée sur les champs de bataille, autant elle est timide, hésitante, facile à troubler, à tromper, à affoler, à effrayer dans le domaine politique.

Et ils le savent bien, ceux qui depuis tantôt quatre-vingts ans nourrissent ce pays de calomnies, de mensonges et d'inventions perfides. Oui, c'est la peur qui est le mal de ce pays, et c'est de la peur qu'ils ont tiré leurs ressources, les réacteurs de 1800, de 1815, de 1831 et de 1849! C'est de la peur qu'il a tiré sa principale force, le coupe-jarret de 1851! (Bravo! bravo! — Applaudissements.) C'est sur la peur qu'ils ont établi leur ascendant pour nous mener, après vingt ans d'empire, à la dégradation, à la mutilation! C'est de la peur qu'ils ont fait sortir ce plébiscite fatal qui devait nous entraîner à la guerre! C'est de la peur qu'est née cette impuissante réaction du 8 février 1871! C'est toujours par la peur, avec la peur, en exploitant la peur, que la réaction triomphe! Oh! débarrassons-nous de la peur en politique! Chassons ces sycophantes, et démontrons par nos résolutions, par nos actes, par notre attitude, que jamais nous ne voudrons nous servir de la violence, et que c'est un misérable et odieux calcul qu'ont fait nos adversaires, de compter toujours ur la peur éternelle de la France! Est puisque la peur est devenue l'expédient, la ressource de nos ennemis, il faut que le parti républicain, que le parti radical, qui met ses satisfactions au-dessous de l'intérêt général, se donne la mission de guérir la France de cette maladie de la peur. Or, le remède, le moyen à employer, quel est-il? Oh! il est toujours le même, et il est toujours vainqueur : c'est la sagesse. (Très bien, très bien ! — Salve d'applaudissements. — Interruption prolongée. — Les mouvements de l'auditoire empêchent l'orateur de parler pendant quelques minutes.)

La sagesse, mes chers concitoyens, c'est le dernier mot que je viens de prononcer. Il faut que ce remède ait été d'un effet singulier sur nos adversaires, car il suffit que nous ayions prouvé notre sagesse, que nous ayions proclamé très haut que rien, qu'aucune provocation n'était capable de nous faire sortir de cette ligne de conduite inflexible, pour avoir provoqué dans leurs rangs une irritation, une exaspération qui tient de la rage. Leurs journaux, leurs représentants, ont, par là même, dévoilé leurs plus secrètes espérances. Ils attendaient à coup sûr, à en juger par leur déconvenue, quelque faute du parti républicain ; ils espéraient que, lassé par les injures, irrité à son tour par tant de dénis de justice, par tant d'outrages subis et venant de côtés où il les attendait le moins, ils espéraient que le parti républicain tomberait dans un de ces nombreux piéges qu'on tend sous ses pas et qu'alors il s'ensuivrait quelque émotion, de ci, de là, à l'aide de laquelle on pourrait rétablir l'ordre qu'on aurait ainsi troublé. (Oui ! oui ! C'est cela ! Bravos.)

Eh bien, leurs espérances ont été vaines, et la sagesse s'est trouvée, sinon dans notre tempérament, — c'est ce qui fait que nous avons plus de mérite que d'autres à la pratiquer, car le spectacle de l'injustice nous révolte, — elle s'est trouvée dans nos volontés, dans nos intérêts ; et c'est elle qui fait aujourd'hui le triomphe de la cause à laquelle nous sommes attachés. En effet, sous les autres régimes que celui-ci, qui, au moins, porte notre nom : le régime républicain, sous les autres régimes, dictature césarienne, royauté escamotée sur les barricades, ou monarchie se prétendant héritière des quatorze siècles, on comprend que le parti républicain, exclu de l'arène, chassé, décimé, proscrit et réduit à l'impuissance dans la carrière légale, se précipitât dans les aventures héroïques de la rue. Pourquoi ? Parce qu'on ne lui laissait aucune issue pour vivre, pour respirer, et qu'alors, à la force illégitime, il opposait l'héroïsme de ses membres et la force du droit populaire. (Assentiment.). Ces temps sont changés, messieurs ; et ce qui était de mise quand nous n'étions qu'une minorité opprimée, c'est-à-dire l'emploi de la force contre un régime oppresseur, serait un crime sous un gouvernement qui se réclame du suffrage universel, qui porte le nom de la République et qui est chargé d'agir, de gouverner, de contracter, d'emprunter au nom de la République. (Assentiment général. — Bravos.)

En conséquence, il ne nous reste qu'une chose à faire pour le moment, c'est à nous conduire pacifiquement, légalement, en nous réclamant du suffrage universel, dont on ne pourra pas ajourner bien longtemps la volonté, la décision ; c'est à transformer ce germe, cet ambryon de République, que nous devons protéger et défendre, afin de pouvoir assister bientôt à l'éclosion d'une République sincère, définitive et progressive. (Applaudissements. — Vive la République! — Vive Gambetta!) Oui, la sagesse consiste à dire que nous n'attendons rien que de la raison, que du temps, que de la persuasion, que de la force des choses, que de l'impuissance où sont réduits les partis monarchiques, que de leur stérilité et, s'il faut tout dire, que de leur couardise. (Oui! oui! — Bravos.)

C'est à eux, s'il leur plaît, d'avoir recours aux moyens violents. Quant à nous, nous n'en avons nul besoin (adhésion générale); le pays est avec nous (Oui! oui!), et il le proclame à chaque occasion qu'il lui est donné de le faire. Nous avons donc pour nous la loi, le titre, nous aurons la chose bientôt. (Applaudissements répétés.)

Nous n'avons qu'à laisser écouler les heures et les minutes. Tous les jours on peut marquer les pas qui sont faits vers le but, et ce but on y touchera bientôt; on y touche si bien déjà que nous assistons à un singulier spectacle depuis tantôt un mois et demi. Ces farouches représentants du droit divin ou du droit populaire, mais accommodé à la Bonaparte (Rires.— Très-bien !), se sont séparés et sont allés dans les divers cantons ou colléges qui les ont nommés. Se sont-ils mis en communications avec leurs électeurs ? Bien peu l'ont osé faire, mais la plupart ont observé, et, s'ils n'ont pas parlé, ils ont adressé le résultat de leurs réflexions à des journaux suffisamment indiscrets pour que nous soyons renseignés à merveille. (Rires. — Bravos.)

Voyez le chemin parcouru : la réaction affirmait bien haut la nécessité où l'on était de restaurer immédiatement la monarchie avec fusion, elle abandonne cette idée pour passer à la monarchie tempérée sans fusion..., (Hilarité.) puis on est passé à ce qu'on a appelé l'essai loyal de la République, mais de la République sans républicains. (Nouvelle hilarité.)

Je n'ai pas besoin de vous dire comment ils entendent ces jeux-là, vous le savez aussi bien que moi, et vous qui êtes de Grenoble et de l'Isère, vous vous rappelez une administration récente... (Oui! oui! — Marques d'assentiment.) Ainsi, l'essai loyal de la République, c'est là un mot parfaitement bien fait pour dire le contraire de ce qu'il exprime. (Rires.)

Après l'essai loyal ils sont allés à l'essai de la République conservatrice, et les voilà maintenant qui en sont à la République constitutionnelle. A la suite de certaines réflexions, de certaines observations, les divers chefs des partis monarchiques, après avoir secoué l'arbre, — non pas pour le renverser, oh ! non, tel n'était pas leur dessein (Rires), — après s'être épuisés en combinaisons toutes plus empoisonnées et plus chimériques les unes que les autres et après avoir reconnu leur impuissance, mais surtout après avoir constaté *de visu*, chez eux, en leurs gentilhommières (Hilarité générale), où en sont aujourd'hui les dispositions du corps électoral, et ayant aperçu, à l'horizon, la République définitive, — les divers chefs des partis monarchiques, se sont dit qu'il ne leur restait plus qu'une chose à faire : c'était de faire la République. (Rires prolongés. — Salve d'applaudissements.)

(Interruption de quelques instants.)

Voilà où nous en sommes, mes chers amis. Pour le moment, nous sommes arrivés à cet état particulier, que nous touchons à l'unanimité en France. (Rire général.) Oui, il est probable que lorsque le Parlement se réunira à Versailles, — encore bien que l'on annonce de sa part quelques velléités de rentrer à Paris, afin sans doute de mieux marquer l'état de conversion de ces bonnes âmes, — il est probable que lorsqu'il rentrera à Versailles il dira que, véritablement, il n'a pas une minute à perdre pour constituer la République. Qu'est-ce que cela signifie ?

Cela veut dire que l'on sent, quoi que l'on en ait, non pas que la dissolution soit à prêcher ni même qu'elle soit à démontrer, mais que la dissolution est faite; car si l'on n'avait pas cette intime conviction que la dissolution est là, comme le fossoyeur, prête à jeter une dernière pelletée de terre sur le cadavre de l'Assemblée de Versailles ; (Vive sensation.) si l'on ne ressentait pas les affres de la mort, vous pouvez croire qu'on ne parlerait pas de se marier *in extremis* avec la République. (Hilarité générale. — Applaudissements répétés. — Vive la République!)

Eh bien, messieurs, sous cette forme qui convient parfaitement d'ailleurs au caractère tout à fait intime et tout à fait amical de notre réunion, je crois que je viens de mettre une lumière sur un des écueils les plus perfides qui bordent le chemin de la République.

Et j'en veux ici dire franchement ma pensée et mon avis, afin que personne, en en lisant l'expression, ne puisse conserver la moindre obscurité dans son esprit sur ce point.

La politique, messieurs, surtout dans un moment où le monde qui finit et le monde qui vient se touchent et se heurtent par mille contradictions et par mille intérêts opposés, la politique qui a pour but de satisfaire les besoins ardents d'un grand peuple au point de vue de la liberté politique et de l'égalité sociale, cette politique a singulièrement besoin de discrétion. Elle a besoin de ménagements pour les intérêts qui sont en échec, pour ceux qui disparaissent, pour ce qui reste de vestiges et de traces de l'ancien régime. Elle a besoin d'avoir certains accommodements, certaines facilités de compromis, de transactions, parce que jamais il n'est arrivé qu'on fît une bonne société et un bon régime politique en faisant table rase. Ceux qui le prétendraient n'ont pas regardé la réalité des choses. La Révolution française elle-même, qui a été la plus radicale des révolutions, n'a pu faire et n'a pas fait table rase. Que d'abus elle a laissé subsister ! sous d'autres noms, sous d'autres formes, je le veux bien, mais qui subsistent encore, mais qu'il nous reste à détruire.

Mais, messieurs, la politique dont je parle a besoin aussi de clairvoyance, de vigilance, de prudence, pour ne pas livrer les destinées mêmes du peuple et de la cause qu'elle défend aux habiletés, aux surprises, aux ambiguïtés et aux calculs de ses adversaires.

Oui, le parti républicain, aujourd'hui, — celui qui est composé surtout d'hommes souvent et durement éprouvés, celui qui compte dans ses rangs presque autant de victimes que de serviteurs, c'est celui-là dont je parle, parce que c'est celui que je connais le mieux et que c'est celui auquel j'appartiens, — le parti républicain, qui l'a toujours été ou qui ne compte que des membres qui l'ont toujours été, ce parti-là est tenu à beaucoup de largeur de main, à un grand esprit de conciliation et de concorde ; il est tenu à se recruter largement et sans mesquins calculs d'amour-propre, dans tous les rangs du pays, afin de devenir la majorité de la nation elle-même. C'est son devoir immédiat, et il n'y manquera pas. (Assentiment général. — Bravos.)

Ce parti doit avoir cependant un certain critérium à sa disposition; il doit pouvoir distinguer entre la naïveté des uns et le calcul des autres, entre les nouveaux qui s'offrent à lui et les anciens, entre ceux qui viennent lui apporter leur concours par suite de convictions récentes et ceux qui ont des actes à mettre derrière leurs paroles; il doit enfin pouvoir **être** mis à même aussi de reconnaître **ceux** qui, secouant une indifférence, hélas! trop générale, veulent entrer dans la vie politique.

Ceux-là, messieurs, il faut les accueillir à bras ouverts. Mais il y en a d'autres, il y a les hommes qui n'appartiennent à aucun parti, qui les ont tous servis et tous trahis tour à tour, qui sont des agents également dociles du despotisme clérical ou militaire; il y a ceux qui prennent comme un masque la formule à la mode, qui se glissent dans les rangs à l'aide de déclamations plus hautes, plus vives et plus ardentes que celles d'aucun patriote éprouvé. Il y a ceux encore qui, sous une attitude plus ou moins réservée, agissant comme si on leur faisait violence ou parce qu'il n'y a pas moyen, pour le moment, de faire autrement, se déclarent républicains. (Très bien! très bien!)

Vous voyez, messieurs, à combien de surprises, à combien de périls on peut se trouver exposé, à combien d'intrigues de tous genres on peut, pour ainsi dire, donner la complicité de sa conscience. (Assentiment général.)

Il faut donc que, sans être exclusifs, sans être fermés, nous soyons prudents, vigilants, défiants, au nom même des intérêts les plus sacrés de la République. Car si nous recommencions la faute qui a déjà été commise, il y a vingt-deux ans, d'accepter sur signature, sur déclaration, ces prétendus ouvriers de la dernière heure, eh bien! on connaît la besogne qu'ils recommenceraient à leur tour : prendre la République, la placer sur un char, l'orner de fleurs et la mener sous le couteau de quelque égorgeur de race. (Sensation profonde. — Applaudissements).

Mais entendons nous bien et ne laissons pas dire que nous obéissons à un détestable esprit de secte. Or, pour s'entendre, quelle est la formule à trouver, si tant est que, dans une matière qui réclame autant de tact et de mesure dans l'appréciation de tel ou tel caractère, on puisse poser une règle générale de conduite? Dessinons au moins quelque chose qui pourra servir de commencement de règle.

Il y a d'abord une première remarque à faire, que voici : S'il est vrai que le suffrage universel pris dans sa masse ne soit pas toujours assez renseigné, surtout dans un pays qui n'est pas encore habitué à la République, qui n'est pas encore formé aux mœurs républicaines, parce qu'elle n'a pas assez duré, — et, si elle n'a pas duré, vous savez à qui en remonte la responsabilité? (Oui ! oui !) — mais enfin s'il est vrai que le suffrage universel ne soit pas suffisamment mûr et accoutumé aux habitudes, aux plis, aux pratiques de la démocratie républicaine, s'il ne sait pas avec assez de précision — comme on le sait, par exemple, dans la dernière bourgade de Suisse — ce qui se passe, ce qu'on projette, ce qu'on doit faire ou repousser, il n'y en a pas moins dès maintenant une préoccupation suffisante, dans les rangs de la démocratie, de la conduite des hommes politiques. Mais il n'y a qu'une certaine partie de cette démocratie qui ait la passion et le souci des choses et des actes des hommes publics ; c'est donc à ces hommes plus avisés et plus éclairés qu'il appartient, dans une certaine mesure, librement, sans pression, de se faire les instituteurs, les éducateurs, les guides de leurs frères moins avancés du suffrage universel, de ceux qui ont moins de loisir et de lumières. (Très bien ! — Bravos.)

Ce sont ceux là qui doivent exercer leur jugement, en procédant à ce tri, à cette sorte de crible par où doivent passer les conversions subites dont nous nous entretenons. Ce sont eux qui doivent scruter la vie d'un homme marquant, monarchiste effaré qui, tout à coup, se rallie à la République, sous la double pression de la force croissante de la République et de l'imminence de la dissolution ; ce sont eux qui doivent, pour leurs amis, pour leurs concitoyens, leurs coélecteurs d'un collége, d'un département, rechercher quelle est la loyauté, la sincérité, la justesse et, enfin, ce je ne sais quoi qui fait qu'on dit : « Celui-ci est un brave homme, on peut s'y fier » ou : « Celui-ci n'est pas un homme sûr, il ne faut pas l'admettre. »

Ce sont là des difficultés qu'il faut résoudre sur place, à l'aide des mille impressions et renseignements que l'on peut recueillir, comparer et peser ; il n'est pas possible, d'ailleurs, que l'on soit sans relations qui permettent de faire ce travail, travail délicat qui exige beaucoup de mesure, d'habileté et de prudence et qui, par conséquent, doit être fait de très près, en y mettant beaucoup de temps et de soins.

Pour inspirer ce travail, je voudrais vous donner un avis personnel dont vous ferez l'usage qui vous semblera bon, car il est parfaitement susceptible de modifications, suivant les cas.

Messieurs, laissez moi vous soumettre une idée à titre de proposition générale, capable d'être réduite, qui comporte des exceptions ou qui peut être appliquée sévèrement, lors des élections à la prochaine Assemblée, afin que le suffrage universel ne soit pas dupe et victime, afin qu'il ait bien la certitude que la République et ses institutions organiques sortiront de l'urne, afin qu'il soit bien positif que les mandataires ne pourront pas usurper sur les mandants, afin qu'il soit impossible d'assister à une abominable confiscation de la souveraineté nationale au profit de quelque prétendant.

Je voudrais donc qu'il fût bien entendu que, pour les prochaines élections, on ne pût admettre, sur les listes républicaines, des hommes qui ne présenteraient pas dans leur passé — vous entendez bien des garanties suffisantes ou, dans leur présent, les mêmes garanties nécessaires, garanties qui puissent nous assurer que le dépôt sacré qui leur sera confié, que cette voix souveraine au nom de laquelle ils auront autorité et mission de parler, à Paris, car c'est là qu'on réunira l'Assemblée nationale prochaine... (Oui! oui! — Salve d'applaudissements. — Vive la République! — Vive Paris!) .... ne seront l'objet, de leur part, ni d'une diminution, ni d'une confiscation.

Je voudrais encore que l'on déclarât, au point de vue du parti républicain, que tous ceux qui ont été, à un degré positif, dans les derniers jeux des partis, tous ceux qui ont été des chefs avérés des intrigues et des complots monarchiques, tous ceux qui ont été les serviteurs des prétendants, qui ont été des agents de désordre anti-patriotique, je voudrais que tous ceux-là fussent exclus de nos listes républicaines. Je voudrais ensuite qu'on distinguât entre ces chefs et ceux qui les suivaient, car ceux ci pouvaient être de bonne foi, ils pouvaient n'être qu'égarés. A coup sûr, le nombre des égarés ne serait pas considérable ; et, dans tous les cas, on n'accepterait parmi eux que ceux qui n'auraient pas pris devant leur pays et à l'encontre du suffrage universel, une position compromettante.

Vous voyez, messieurs, que mon idée est celle-ci : séparer les chefs de leurs prétendue armée ; l'armée peut entrer dans les rangs du parti démocratique ; quant aux chefs il faut les laisser encore, ainsi que faisaient les premiers chrétiens, à la porte de l'église pour y faire pénitence. (Rires d'assentiment. — Applaudissements.)

Cette conduite à suivre s'explique par plusieurs motifs dont le premier vous apparaît nettement : il s'agit de sauvegarder la souveraineté nationale, car il est bien clair, aujourd'hui, que le duel est à peu près réglé entre la République et la monarchie. La monarchie se dérobe, elle cache son drapeau, elle dépose ses armes et laisse la République maîtresse du terrain ; il est donc bien certain que, si le pays nommait des pseudo-républicains, des hommes n'ayant le nom de la République que sur les lèvres, tandis qu'ils porteraient la monarchie au fond du cœur, ils ne tarderaient pas, une fois élus, à ouvrir la bouche pour faire connaître leurs secrets désirs, et consommer la ruine de la République, comme le firent leurs devanciers de 1848 qui dix-sept fois l'acclamèrent pour mieux l'égorger ensuite. (Bravo ! bravo ! — Vive la République !)

Par où vous voyez que si le suffrage universel pouvait être induit en erreur et que si, sous le prétexte de faire une transaction, on confiait le dépôt de la République à de tels gardiens, c'est la souveraineté nationale que l'on s'exposerait à faire confisquer.

Il y a un autre motif qui n'est pas moins grave et qui est décisif devant mon esprit.

C'est qu'il est nécessaire qu'en politique on ait la responsabilité de ses actes antérieurs. Il est juste et bon, lorsqu'on a choisi un parti, lorsqu'on a été son tenant, lorsqu'on a joué un rôle au nom de certaines idées, de certaines doctrines, lorsqu'on s'en est fait le promulgateur et le défenseur, — à moins qu'on ne justifie d'actes de résipiscence et de contrition irrécusables, — il est juste et bon qu'on subisse la loi qu'on s'est faite à soi-même, et qu'on ne vienne pas solliciter du suffrage universel, avec le concours du parti républicain, une récompense dont on est indigne et qui a pu être méritée par d'autres. (Oui! oui! — Approbation générale.)

Je dis que c'est là une raison politique du plus haut intérêt, et d'une gravité capitale. En effet, est-ce qu'il peut y avoir parmi les hommes quelque chose de plus sacré que l'opinion ? (Très bien ! — Bravos prolongés.) Est-ce que nous ne devons pas avoir un soin jaloux pour ne pas admettre dans nos rangs, — non pas les hommes égarés qui se repentent sincèrement : à ceux-là nous devons ouvrir nos bras, — mais leurs chefs, ceux qui les ont trompés, ces chefs qui ont été les agents et les guides des partis hostiles ?

Messieurs, ce serait nous abandonner nous-mêmes que d'agir autrement, que de tenir une autre conduite ; et ceux qui nous parlent de pareilles transactions ne se rient-ils pas de nous, et ne serions-nous pas l'objet des moqueries de tous, si nous avions jamais la faiblesse d'accepter d'aussi humiliantes propositions ?

Non, non, le parti républicain a le droit et le devoir d'être généreux envers ceux qui, reconnaissant le drapeau de la

République et présentant toutes garanties, demandent à la servir avec loyauté ; mais il commettrait l'acte le plus imprévoyant et le plus fatal, il manquerait à tous ses devoirs s'il mettait à sa tête, s'il plaçait de ses propres mains ses pires ennemis sur les bancs de la prochaine Assemblée, dont les résolutions seront décisives pour le sort de la France, pour sa grandeur et pour son avenir, ainsi que pour les droits engagés, depuis soixante-quinze ans, dans la lutte entre la Révolution française et l'Ancien Régime. Ce serait le contraire de la bonne politique, et j'ajoute que ce serait le contraire de la morale, qu'il n'en faut jamais séparer. (Très-bien ! très-bien ! — Applaudissements.)

Il me vient un souvenir à l'esprit, dont je désirerais vous faire part avant de terminer. (Oui ! oui ! Parlez ! parlez !)

Nous sommes réunis, en ce moment, dans une ville qui a dans son passé un mémorable souvenir, qu'il me convient d'évoquer pour vous prouver combien, en politique, il est dangereux de se fier aux imposteurs.

Oui, c'est dans cette ville qu'après la première Restauration, cet homme qui, au milieu de tant de gloire, avait apporté tint de désastres à notre noble pays, remit le pied après 1814. Vous savez le jour précis, car cette histoire vous est familière : elle vous a été contée par vos grand'mères, comme a dit le poëte. Quand il fut entré dans votre ville, c'est d'ici qu'il jugea combien il lui serait facile de ressaisir la France, grâce à la haine qu'inspirait le retour des émigrés. La France de la Révolution avait été mise en présence de ces spectres et de ces revenants, — n'est-ce pas un peu la situation où nous sommes aujourd'hui? (Hilarité.) — elle avait, cette France démocratique et paysanne, reculé d'horreur devant la réapparition de l'ancien régime. Eh bien, ce comédien, ce tragédien, cet aventurier de génie, en remettant le pied sur le sol de la France, que lui disait-il? Il disait au peuple des campagnes et des villes : Ouvriers, bourgeois, artistes et paysans, me voilà ! Je reviens, vous me reconnaissez; je suis le soldat de la Révolution; je viens défendre vos droits menacés; vos propriétés sont en question, je vous les garantirai; les biens nationaux, je vous les assurerai; je suis le fils de la Révolution; je suis la Révolution elle-même, vous le savez bien! je suis la Révolution couronnée! Oui, j'ai eu tort, je le reconnais, mais je vous apporte des libertés, toutes les libertés : liberté de penser, liberté d'écrire, liberté de se réunir, de s'associer, liberté de la nation par la constitution d'un Parlement indépendant. Oui ! vous devez avoir toutes ces libertés et vous les aurez !

Toutes ces promesses ont été faites, toutes ces paroles ont été prononcées, et où ? Ici, dans votre ville. Eh bien ! ces promesses n'étaient qu'un mensonge, ces paroles n'étaient qu'un leurre, tout cela était un dernier artifice de ce Corse aux abois. (Sensation. — Applaudissements prolongés.) Ces belles promesses séduisirent la France, parce que cette France est toujours confiante, toujours ardente, toujours généreuse ; elle se laissa prendre au mirage, et vous savez comment finit cette lugubre tragédie. Vous savez aussi quelle fut la sincérité de ce despote dont les coups de force et les promesses furent copiés, plus tard, par son héritier, par Napoléon III. Celui-ci fit aussi son coup d'Etat libéral, son retour de l'île d'Elbe, son Acte additionnel et ses promesses du 19 janvier avec un Ollivier pour Benjamin Constant. On dit à tous que cette chose grotesque, que ces deux mots qui hurlent ensemble, que l'empire libéral serait la paix et la liberté. On organise le plébiscite, on le présente aux populations, on le fait voter ; ce qui devait être la paix devient la guerre ; elle est déclarée, la France est envahie : vous savez le reste ! (Nouvelle sensation.)

Ah ! défions-nous des promesses politiques. Soyons défiants. Rappelons-nous ce que nous ont coûté notre confiance, notre imprévoyance. Rappelons-nous aussi ce que nous disions au peuple, en 1870, en l'écartant des urnes. Nous lui disions que voter Oui, c'était voter pour la ruine de la patrie. Nous l'avertissions que cet homme ne parlait si haut de la paix que pour faire plus sûrement la guerre, qu'il ne parlait de liberté que pour la confisquer et qu'il ne se faisait le dépositaire de la souveraineté nationale que pour la donner en dot à son fils. Voilà ce que nous disions au peuple en 1870 et vous vous rappelez aussi comment on nous traita à cette même époque. Vous connaissez l'invention des complots qui devaient influencer les votes des campagnes ; vous connaissez les mensonges, les calomnies et les outrages dont nous fûmes l'objet.

Aujourd'hui, on veut rééditer les mêmes procédés ; on veut employer les mêmes moyens que l'empire libéral. On vient nous dire que le parti monarchique a déclaré, dans une réunion, qu'il voulait la République, qu'il acceptait cette constitution nouvelle de la France. Ah! messieurs, pour notre honneur, pour notre sécurité, pour l'honneur et la grandeur de notre patrie, gardez vous de donner dans cette ignoble comédie ! (Sensation. — Applaudissements. — Vive la République !)

Il suffira d'ailleurs, mes chers concitoyens, de faire pour ces intrigues et ces machinations ce que nous avons fait pour d'autres procédés de nos adversaires : nous les dénoncerons à la France. Ne nous laissons pas surprendre ; ne tombons pas dans les piéges qui nous sont tendus, soyons constamment en éveil. Que si certaines entreprises de nos adversaires sont à redouter, nous aurons la force pour en faire justice ; quant aux surprises, nous avons notre raison et notre perspicacité pour les déjouer. Nous avons promis d'être vigilants, nous tiendrons notre promesse. Il ne se passera pas une intrigue que nous ne criions au suffrage universel : Veillez ! ce sont des trompeurs et des sycophantes !

Et qu'on ne nous accuse pas d'exclusion et qu'on ne vienne pas répéter toutes les vieilles redites sur les partis; qu'on ne nous traite pas de jacobins et de radicaux, ce ne sont là que des mots qui signifient, chacun à son heure, des nécessités politiques. Mais nous sommes de notre heure et de notre temps, et nous appartenons à la démocratie républicaine de 1872. Oui, nous dénoncerons toutes les machinations et toutes les intrigues au suffrage universel, car il est le maître, en définitive, et il saura faire justice ! (Oui ! oui ! — Applaudissements.)

Ne renonçons donc pas à l'excellente méthode que le parti républicain suit partout avec un zèle et un bonheur croissants : patience, fermeté et vigilance, c'est là notre mot d'ordre.

Et maintenant, permettez-moi de vous dire que si, pour atteindre notre but, nous devons attendre quelques mois de plus que nous ne le désirerions, là n'est pas la question. La seule question, la vraie question, c'est de considérer qu'il n'y a plus rien à espérer, qu'il n'y a plus rien à faire, qu'il n'y a plus rien à tenter avec les gens qui sont à Versailles. C'est vers le suffrage universel qu'il faut désormais se tourner, c'est à lui qu'il faut parler, c'est à lui qu'il faut proposer les vrais noms, c'est lui qu'il faut inviter à discuter, à se concerter en petits groupes, à examiner les hommes, à choisir les programmes, à indiquer les réformes, à frapper au but, enfin à préparer, que dis-je, à désigner ceux qu'il s'agira purement et simplement, le jour étant venu, d'envoyer à Paris, à ce Paris qui est vide de la représentation nationale, à ce Paris que l'on a voulu frapper, outrager après n'avoir pas su le défendre; (Salve d'applaudissements.) à ce Paris qui supporte si dignement les injures et les calomnies qu'on lui prodigue, à ce Paris qui n'a jamais perdu la confiance de la France. (Non! non!) Car, toutes les fois que son nom est prononcé en province, jusque dans la plus humble des bourgades, il est salué comme la tête et le cœur de la patrie! (Explosion d'applaudissements. — Cris répétés de : Vive Paris! — Vive la République! — Vive Gambetta!)

EN VENTE

A la Librairie ERNEST LEROUX

RUE BONAPARTE, 28, A PARIS

DISCOURS DE M. GAMBETTA

A Bordeaux, 26 juin 1871.
A Saint Quentin, 17 novembre 1871.
A Angers, 7 avril 1872.
Au Havre, 18 avril 1872.
Aux Délégués de l'Alsace, 9 mai 1872.
A Versailles, 24 juin 1872. (Anniversaire du Général Hoche).
A Laferté-sous-Jouarre, (Anniversaire du 14 juillet 1789).

Prix : 10 centimes chaque

A l'Assemblée, le 29 juillet, (Commission des marchés).

PRIX : 20 CENTIMES

Des prospectus et spécimens sont envoyés sur demande faite à M. ERNEST LEROUX

Paris. — Imp. VALLÉE, 16, rue du Croissant.

www.ingramcontent.com/pod-product-compliance
Lightning Source LLC
LaVergne TN
LVHW020052090426
835510LV00040B/1666